D1413652

ISBN 84-XXXXXXX

ISBN 84-264-4510-1

...Y EN LA ACTUAL COYUNTURA EN LA QUE EL COPYRIGHT
DE ESTE LIBRO ES DE JOAQUÍN SALVADOR LAVADO, QUINO,
EN LA QUE EDITORIAL **LUMEN** (TRAVESSERA DE GRACIA, 47, 49,
BARCELONA) EDITA ESTE VOLUMEN, NO DEBEMOS IGNORAR
QUE QUEDA HECHO EL DEPÓSITO LEGAL N° B-25.283-2005,
NI QUE EL DISEÑO DE LA CUBIERTA ES DE JOAQUÍN MONCLÚS,
NI QUE ESTE LIBRO ESTÁ IMPRESO EN ESPAÑA Y,
POR QUÉ NO DECIRLO, PRINTED IN
SPAIN, PERO UN PRINTED NUESTRO
LIBRE DE INFLUENCIAS
FORÁNEAS QUE...

...Y EN LA ACTUAL COYUNTURA EN LA QUE EL COPYRIGHT
DE ESTE LIBRO ES DE JOAQUIN SALVADOR LAVADO, QUINO,
EN LA QUE EDITORIAL LUMEN (TRAVESSERA DE GRACIA, 47, 49,
BARCELONA) EDITA ESTE VOLUMEN, NO DEBEMOS IGNORAR
QUE QUEDA HECHO EL DEPOSITO LEGAL Nº B-25.283-2005,
NI QUE EL DISEÑO DE LA CUBIERTA ES DE JOAQUIN MONCLUS,
NI QUE ESTE LIBRO ESTA IMPRESO EN ESPAÑA Y,
POR QUE NO DECIRLO, PRINTED IN
SPAIN, PERO UN PRINTED NUESTRO
LIBRE DE INFLUENCIAS
FORANEAS QUE...

¡BANG!

NO BASTA MORIR COMO UN VALIENTE, HAY QUE MORIR COMO UN VALIENTE ORGANIZADO

ODIA EL ÉXITO FÁCIL

PARECIERA QUE HOY MI IMAGINA-CIÓN PIENSA HACERME PASAR UNO DE ESOS DÍAS MOVIDITOS

USTED TAMBIÉN HA SIDO CHICO, SR. JUEZ, Y DEBE RECORDAR QUE A MEDIDA QUE UNO SE ACERCABA A LA ESCUELA IBA SINTIEN-DO COMO PLOMO EN LOS ZAPATOS, SR. JUEZ

CADA VEZ MÁS Y MÁS PLOMO EN LOS ZAPATOS, SR. JUEZ

POR ESO LE ECHÉ LOS TRES LITROS DE NAFTA Y EL FÓSFORO, SR. JUEZ. ¡PORQUE NO LO AGUAN-TABA, SIEMPRE AHÍ, CON SU MALDITO SARCASMO!

DESPACIO ESCUELA

Y EL JUEZ NO PODRÁ CONDENARME, PORQUE DE TODAS MANERAS NUNCA ME ANIMARÉ A HACERLO

PLATO DEL DÍA
SOPA DE VERDURAS

INGREDIENTES: 2 LITROS DE CALDO, 1 ATADO DE ACELGAS, 4 ZANAHORIAS, 2 CEBOLLAS, 1 NABO, 2 TOMATES, 1 AJÍ, ½ REPOLLO, 2 RAMITAS DE APIO, SAL A GUSTO.~ PREPARACIÓN: EN UNA CACEROLA SE PONEN JUNTOS TODOS ESTOS INGREDIENTES....

¡¡Y SE LOS PROCESA POR ASOCIACIÓN ILÍCITA!!

HOY EN EL DIARIO SALE UNA NOTICIA DEPRIMENTE *EN TODO EL MUNDO TRABAJAN 43 MILLONES DE CHICOS EN CONDICIONES DEFICIENTES*

¿TE DAS CUENTA? ¡Y ES UN INFORME DE LA ORGANIZACIÓN INTERNACIONAL DEL TRABAJO Y QUÉ SÉ YO! ¡43 MILLONES DE CHICOS DEBEN TRABAJAR PARA VIVIR!

¿Y? ¿TENEMOS NOSOTROS LA CULPA? ¡NO! ¿PODEMOS NOSOTROS SOLUCIONAR SEMEJANTE PROBLEMA? ¡NO! LO ÚNICO QUE PODEMOS HACER ES INDIGNARNOS Y DECIR ¡QUÉ BARBARIDAD!

¡QUÉ BARBARIDAD!

LISTO, DECÍ VOS TAMBIÉN TU *QUÉ BARBARIDAD,* ASÍ NOS DESPREOCUPAMOS DE ESE ASUNTO Y PODEMOS IR A JUGAR EN PAZ

¿OÍSTE HABLAD DE UNA NUEVA EMPRESA DE MOSCAS QUE TIENE VUELOS CON AZAFATA?

ES DIVERTIDO BUSCAR FORMA DE QUÉ TIENEN LAS NUBES

AQUÉLLA, POR EJEMPLO, TIENE FORMA DE...

DE...

DE...

DE...

¿DE IDEALES DEMOCRÁTICOS?

¡PERO A QUE EN MI LUGAR NO TENDRÍAS EL CORAJE DE AFRONTAR EL PAPELÓN DE SER UN COBARDE!

TIENE LA TEORÍA DE QUE PEINARSE CON PEINE PINCHA LAS IDEAS

SE ACERCA EL 12 DE OCTUBRE Y CADA AÑO LA MISMA HISTORIA

Composición Tema: Cristóbal Colón

Hace muchísimos años Colón inbentó que la Tierra era toda redonda

Entonces agarró y empezó a machacar con que la Tierra es redonda y con que la Tierra es redonda, pero nadie le creía

Lo triste es que al final resultó que era redonda nomás y el pobre nunca vió un centavo de "royalty". Fin

♪ LARÁ-LARÍLAÁ ♪

♪ LADÍ ♫ LADÓÓÓ ♪

♪ POPOM POPOM ♫

♪ TADÓDA DÍÍÍDA ♪

♪ PADÍM-PODÓM POPÓM-PAPÁM ♪ POPOÓM

¿NO LES ENSEÑARON SUS PADRES UN POCO DE URBANIDAD?

♪ LADÁ'A LADIÍÍ ♪

SÍ, PERO POR SUERTE NOS URBANIZARON SIN PAVIMENTARNOS LA NATURALIDAD

♪ LA DÁ-TA ♪

TLÍNG
TLÍNG

LO PEOR ES QUE ESTE FINAL INDECISO ME HA HECHO OLVIDAR QUÉ TENÍA QUE DECIDIR

UN INFORME BRITÁNICO DA CUENTA DE QUE DURANTE LOS PRIMEROS CINCUENTA AÑOS DE ESTE SIGLO HUBO 117 GUERRAS EN LAS QUE MURIERON 42 MILLONES Y MEDIO DE PERSONAS

MIRÁ VOS A LA MUERTE... ¡QUÉ ÉXITO DE TAQUILLA QUE LA TIRÓ!

¿QUE NO ME INTERESA LA POLÍTICA? ¡SI NO ME INTERESARA LA POLÍTICA NO ME HABRÍA PUESTO A ESCUCHAR LO QUE DECÍA HOY MI PAPÁ!

¿Y QUÉ DECÍA?

¡QUE PESE A TODO LO QUE SE HA HECHO HASTA EL MOMENTO, AÚN NO ESTÁN DADAS LAS CONDICIONES, AHÍ TENÉS!

¿LAS CONDICIONES PARA QUÉ?

AH, AHÍ DEJÉ DE PRESTAR ATENCIÓN, PORQUE TOTAL, SI NO ESTÁN DADAS LAS CONDICIONES, ¿QUÉ CUERNOS IMPORTA PARA QUÉ?

...Y LUEGO LA FAMILIA, AL DIVIDIR LA HERENCIA....

HAY QUE EXPRESARSE CON PROPIEDAD, SEÑORA, UNA FAMILIA JAMÁS DIVIDE UNA HERENCIA: LA DESCUARTIZA

UN HACENDADO POSEE UNA ESTANCIA DE 5.000 METROS DE FRENTE POR 6.000 DE FONDO.

PARA ALAMBRARLA EN TODO SU PERÍMETRO ENCARGÓ AL CORRALÓN LOS POSTES QUE IRÁ COLOCANDO, UNO CADA 20 METROS. ¿CUÁNTOS POSTES COMPRÓ?

REVISA ¿TE PARECE QUE COMPRÓ TANTOS?

AH ¿POR QUÉ? ¿ADEMÁS DE OLIGARCA, ROÑICA?

farmacia

¿TE CONTÉ QUE MI PAPÁ FUE AL MÉDICO?

¿AL MÉDICO?

SÍ, PARA VER SI LE RECETABA UNAS PÍLDORAS O ALGO CONTRA SU CANSANCIO, INTRANQUILIDAD, PREOCUPACIÓN, NERVIOSISMO, DESEQUILIBRIO Y ANSIEDAD.

PERO SEGÚN EL MÉDICO TODAVÍA NO SE INVENTÓ NADA CONTRA LA NORMALIDAD.

MAMÁ ¿VOS QUÉ FUTURO LE VES A ESE MOVIMIENTO POR LA LIBERACIÓN DE LA MUJNO, NADA, OLVÍDALO

¡MOVIMIENTO POR LA LIBERA-CIÓN DE LA MUJER!..... ¡VÁLGAME DIOS, YA NO SABEN QUÉ INVENTAR!

SI QUERÉS A TU MARIDO ¿ES ESCLAVITUD VIVIR COCINANDO, LAVANDO, PLANCHANDO Y FREGANDO PARA ÉL? ¡NO!

Y SI NO LO QUERÉS ¿TENÉS DERECHO A SENTIRTE LIBRE Y ABANDONARLO? ¡TAMPOCO! PRIMERO POR-QUE SERÍA ATENTAR CONTRA LA FAMILIA, BASE DE LA SOCIEDAD

Y SEGUNDO PORQUE SERÍA DESPERDICIAR LA VENTAJA DE TENERLO SIEMPRE A MANO PARA AMARGARLE LA VIDA CADA VEZ QUE TE DÉ LA GANA

¿Y, AL FINAL TE VAS O NO TE VAS A ESTUDIAR?

SEGURO QUE ME VOY A ESTUDIAR, SI YO EN REALIDAD TENGO MUCHÍSIMA VOLUNTAD

CLARO QUE... ¡LO DE SIEMPRE, ESTOY GOBERNADO POR UNA MINORÍA!

FRANCAMENTE NO ME EXPLICO CÓMO PUEDE HABER TIPOS CAPACES DE SUBIRSE A UN BOMBARDERO Y LIQUIDAR A MILES DE PERSONAS DE UN SOLO SAQUE.

OJALÁ TODO EL MUNDO PENSARA COMO VOS, MIGUELITO

PORQUE HACERLO CON UN FUSIL... ¡BUENO!...AL MENOS TIENE EL MÉRITO DE LA COSA ARTESANAL

YO ERA ASÍ, Y YA OÍA DECIR QUE EL PAÍS ESTABA EN CRISIS

YA VOY POR ACÁ Y SIGO OYENDO DECIR QUE EL PAÍS ESTÁ EN CRISIS

¿LA CRISIS TENDRÁ HORMONAS DE CRECIMIENTO COMO PARA LLEGAR HASTA DÓNDE?

BUENAS, MANOLITO ¿TENÉS ESE JABÓN EN POLVO QUE ANUNCIAN POR TELEVISIÓN?

¿CUÁL, EL DE BLÍN-BLÍN "PULCRILIMP"?

NO, ESE OTRO DE SE COOOMEN SE COOOMEN

SE COOOMEN LA MUGRECITA

LAS BURBUJITAS DE "SAVONEX"

Y PENSAR QUE HAY PROFESIONES EN LAS QUE SE PUEDE ESTAR ACTUALIZADO SIN NECESIDAD DE ESTAR RIDÍCULAMENTE ACTUALIZADO

¡Y DALE! ¿NO ENTENDÉS QUE SON POBRES PORQUE QUIEREN? ¡USÁ LA CABEZA, PAPAFRITA, USÁ LA CABEZA!

¡DIOS MÍO!

¡PENSÁ EN QUÉ CASUCHAS VIVEN, QUÉ CACHIVACHES DE MUEBLES COMPRAN, QUÉ ROPA USAN!

¿NO TE DAS CUENTA QUE SI ADEMÁS DE GANAR POCO, **ENCIMA** TIENEN LA **MANÍA** DE INVERTIR EN COSAS DE MALA CALIDAD, **SIEMPRE VAN A SER POBRES**?

¡NO HAY CASO, CON GENTE QUE NO RAZONA, NO SE PUEDE!

A MÍ NUNCA VA A PASADME NADA MALO PODQUE VOS SIEMPRE VAS A PROTEGEDME ¿VEDAD, PAPÁ?

¡CLARO, HIJITO!

 ESTE POLVO QUE SACAN TODOS LOS DÍAS ¿DE DÓNDE SALE?

 ¿CÓMO DE DÓNDE SALE? ES HOLLÍN Y TIERRA QUE ENTRAN DE AFUERA, GUILLE

 ¡¡¡¡¡UUUJU!...

 YO SIEMPRE PENSÉ QUE SALÍA DE NOSOTROS, QUE NOS ÍBAMOS GASTANDO DE A POQUITITO!

 EL COMBUSTIBLE SE HACE CON PETRÓLEO NACIONAL ¿NO?

 SÍ, CLARO

 BUENO, AL MENOS ES UN ALICIENTE FOLKLÓRICO SENTIR QUE A UNO SE LE LLENA EL PECHO DE ALGO QUE VIENE DE LA ENTRAÑA MISMA DE LA PATRIA

LOS DIARIOS HABLAN CADA VEZ MÁS DE LA CONTAMINACIÓN DEL AIRE

¡LOS DIARIOS!... ¡LOS DIARIOS INVENTAN LA MITAD DE LO QUE DICEN!

¡Y SI A ESO SUMAMOS QUE LOS DIARIOS NO DICEN LA MITAD DE LO QUE PASA, RESULTA QUE LOS DIARIOS NO EXISTEN!

¿CONTAMINACIÓN DEL AIRE? ¡VOS SIEMPRE LA MISMA PESIMISTA!

¿Y SI TUVIERAS RAZÓN?

¿Y SI UNAS MALDITAS PARTÍCULAS DE AIRE PURO VINIERAN A ROMPER NUESTRO NORMAL EQUILIBRIO PORQUERIOLÓGICO? ¡DIOS MÍO! ¿QUÉ SERÍA DE NOSOTROS?

LÁSTIMA SUIZA, UN PAÍS CON TANTOS RELOJES Y QUE LOS BARCOS NO PUEDAN LLEGAR NI TEMPRANO NI A HORARIO NI TARDE NI NADA, PORQUE NO TIENE MAR

¡MIRÁ QUE SE LE OCURREN TONTERÍAS!...¿EH?

¡FRANCAMENTE!...

IBA A COMENTAR ADEMÁS SI LA MARCHA OFICIAL DE LA MARINA SUIZA SERÁ UN HIMNO A LA CLAUSTROFOBIA, PERO PARECE QUE NO HAY MUCHO CLIMA

¡VOS Y TU FAMOSA IGUALDAD!

¿QUÉ TE PASA, SUSANITA?

¡QUE ESTOY CON DOLOR DE ESTÓMAGO, ZANAHORIA!¿LE DUELE EL ESTÓMAGO A ESTE PAPAFRITA?¡NO!¿TE DUELE EL ESTÓMAGO A VOS?¡TAMPOCO, CLARO,TE RESULTA MÁS CÓMODO QUE EL ESTÓMAGO ME DUELA A MÍ!

¡PORQUE ES MUY CÓMODO HABLAR DE IGUALDAD CUANDO LA DESIGUALDAD LA SUFRE OTRO!¿NO?

¿POR QUÉ HOY NO LE DUELE EL ESTÓMAGO A TODO EL MUNDO, YA QUE SOMOS TODOS TAN IGUALES?

¡PERO LIBERTAD, LO ESTÁS PONIENDO AL REVÉS!

¿AL REVÉS RESPECTO DE QUÉ? LA TIERRA ESTÁ EN EL ESPACIO, Y EL ESPACIO NO TIENE NI *ARRIBA* NI *ABAJO*

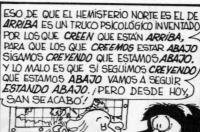

ESO DE QUE EL HEMISFERIO NORTE ES EL DE *ARRIBA* ES UN TRUCO PSICOLÓGICO INVENTADO POR LOS QUE *CREEN* QUE ESTÁN *ARRIBA*, PARA QUE LOS QUE *CREEMOS* ESTAR *ABAJO* SIGAMOS *CREYENDO* QUE ESTAMOS *ABAJO*. Y LO MALO ES QUE SI SEGUIMOS *CREYENDO* QUE ESTAMOS *ABAJO* VAMOS A SEGUIR *ESTANDO ABAJO*. ¡PERO DESDE HOY, SAN SE ACABÓ!

¿DÓNDE ESTABAS, MAFALDA?

NO LO SÉ, PERO ALGO ACABA DE SANSEACABARSE

QUIENES SABEN VIVIR, BEBEN WHISKY "BLACK GROG"

¿Y LOS QUE SABEMOS VIVIR PERO EL SUELDO NO NOS LO PERMITE, QUÉ?

PERDÓNENLO, EL POBRE TIENE LA MANÍA DE CREER QUE LA VIDA SE PARECE MÁS A LA VIDA QUE A LOS ANUNCIOS

A VECES TENÉS RAZÓN EN DECIR QUE EN ESTE MUNDO HAY INJUSTICIAS, MAFALDA

MIENTRAS OTRAS AUTOESTIMAS LLEVAN UNA VIDA REGALADA, LA AUTOESTIMA DE MANOLITO SUDANDO LA GOTA GORDA PARA TRATAR DE AUTOESTIMAR **ESTO** ¿HAY DERECHO?

¿QUÉ LE PASA A TU MAMÁ?

QUE EL GUILLE ESTUVO COMIENDO UNA REBANADA DE PAN CON MIEL

¿Y?

¿VOS VISTE ALGUNA VEZ IMPRESIONES DIGITALES?

SÍ, CLARO

BUENO, SI VAS AL LIVING VERÁS LOS DEDOS DEL GUILLE A NIVEL DE BOOM EDITORIAL

¡NO TE DIGO? ¡EN LOS DIARIOS NO SE PUEDE CREER!

¡PERO NO, LIBERTAD, DEBE SER UN ERROR DE IMPRENTA!

AH, ESO PODRÍA SER

IMPORTANTE ESTUDIO CONTABLE
NECESITA
JOVEN PERITO MERCANTIL
edad 25/30 años
Escribir solicitando antecedentes a Oficina Principal C.C.00271

¿ERROR DE IMPRENTA? NO HAY NINGÚN ERROR DE IMPRENTA

¡VAMOS! ¿AHORA RESULTA QUE HASTA TAN VIEJO UNO ES JOVEN?

¿QUÉ HACÉS, MIGUELITO?

PENSABA ¿QUÉ LES HUBIERA COSTADO PONERLE MI NOMBRE A ESTA AVENIDA?

¿QUÉ LES HUBIERA COSTADO VENIR Y DECIRME: VEA, MIGUELITO, COMO TENEMOS FE EN UD. Y NO DUDAMOS QUE LLEGARÁ A SER UNA FIGURA EXCEPCIONAL HEMOS RESUELTO LLAMAR A ESTA AVENIDA AVENIDA MIGUELITO, PARA IR GANANDO TIEMPO

PERO NO

¿VES CÓMO, DE ENTRADA NOMÁS, YA LO DESANIMAN A UNO?

¡PERO A QUE YO SOY MÁS INTELIGENTE!

UNO PROTAGONIZA UNA RABIETA EN SU CASA Y LOS PADRES LE ARMAN UN LÍO ESPANTOSO CON ENOJOS, GRITOS, AMENAZAS Y QUÉ SÉ YO

PERO RESULTA QUE DESPUÉS ANDAN POR AHÍ CONTANDO LA COSA MUY DIVERTIDOS

¿HAY DERECHO A QUE UN PAR DE INCOHERENTES ANDEN DESVALORIZANDO DELANTE DE TODO EL MUNDO UN BERRINCHE EN EL QUE UNO PUSO SERIAMENTE TODO SU OFICIO?

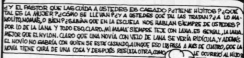
¿Y EL PASTOR QUE LAS CUIDA A USTEDES ES CASADO? ¿TIENE HIJITOS? ¿QUÉ TAL ES LA MUJER? ¿CÓMO SE LLEVAN? ¿Y A USTEDES QUÉ TAL LAS TRATAN? ¿A LO MANOLITO, NOMÁS, O BIEN? ¿SABÍAN QUE EN LA ESCUELA NOS HABLAN SIEMPRE DE USTEDES? POR LO DE LA LANA Y TODO ESO, CLARO. MI MAMÁ SIEMPRE TEJE CON LANA. ES GENIAL, LA LANA. MEJOR QUE EL NYLON. CLARO QUE UNA NOVIA CON VELO DE LANA SE VERÍA RIDÍCULA, Y ADEMÁS EL NOVIO NO SABRÍA CON QUIÉN SE ESTÁ CASANDO, AUNQUE ESO LE PASA A MIS DE CUATRO, QUE LA NOVIA TIENE CARA DE UNA COSA Y DESPUÉS RESULTA OTRA, COMO *LE OCURRIÓ AL HIJO*

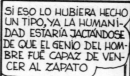

SI ESO LO HUBIERA HECHO UN TIPO, YA LA HUMANIDAD ESTARÍA JACTÁNDOSE DE QUE EL GENIO DEL HOMBRE FUÉ CAPAZ DE VENCER AL ZAPATO

EN LA MADRUGADA DE AYER, EN CIRCUNSTANCIAS EN QUE TRANSITABA A GRAN VELOCIDAD POR AVENIDA PIRULETES EL AUTOMOVIL CHAPA AMBSDOSMMSESIETE CONDU-CIDO POR EL DR. ARBEGUNDO UMSSSYRLA, QUIEN LLEVABA COMO ACOMPAÑANTES A LOS SRS. ANGNIGG NNN TUUTUUUUU

SI LOS AUTOS QUIEREN SUICIDARSE, ALLÁ ELLOS, LO QUE NO ENTIENDO ES ESA MA-NÍA QUE TIENEN DE HACERLO CUANDO LLEVAN GENTE ADENTRO

TODA LAS GENTES QUE ESTÁN EN LO NUEVO

AGARRAN Y COMPRAN EN ALMACÉN DON MANOLO

¿POR QUÉ?

PORQUE SÓLO ALMACÉN DON MANOLO TIENE "PICHÍNCHING-SYSTEM"

MIRÁ QUE SE TE OCURREN TRIQUIÑUELAS PARA VENDER, MANOLITO ¿QUÉ DIABLOS ES ESO DEL "PICHINCHING SYSTEM" QUE INVENTASTE AHORA?

ES UN SISTEMA EXCLUSIVO DE ALMACÉN "DON MANOLO" PARA GENTE QUE ESTÁ EN LO NUEVO. SI ESTÁS EN LO NUEVO, CON EL "PICHINCHING-SYSTEM" PODÉS COMPRAR ALGUNOS ARTÍCULOS A PRECIOS TAN BAJOS QUE SON REALMENTE UNA PICHINCHA

SÍ, BUENO, PERO ¿DE QUÉ CALIDAD?

¡SI EMPEZÁS CON PREJUICIOS NO ESTÁS EN LO NUEVO!

PARECIERA QUE EN LOS REPORTAJES DE LA TV, ESTÁ COMO DE MODA PREGUNTARLE A LOS POLÍTICOS SI ESTÁN EN FAVOR O EN CONTRA DE LA PROPIEDAD PRIVADA ¿NOTASTE?

SÍM

¿Y VOS, SUSANITA, QUÉ PENSÁS: HAY QUE ESTAR EN CONTRA O EN FAVOR DE LA PROPIEDAD PRIVADA?

DEPENDE... ¿DE LA PROPIEDAD PRIVADA DE QUIÉN?

ANOCHE POR TV PASARON UNA DEMOSTRACIÓN DE ESOS TIPOS QUE PONEN VARIOS LADRILLOS Y ¡ZÁS! LOS PARTEN CON LA MANO

AH, LOS KARATEKAS ¿QUÉ TAL, INTERESANTE?

SÍ, TANTO QUE ESTA MAÑANA, APENAS NOS SENTAMOS A DESAYUNAR MI MAMÁ TRAJO LA MANTECA Y......

¡¡¡AAAH!!...

TRES TARROS DE QUITA-MANCHAS EN AEROSOL

BUENO ¿QUÉ LES PASA? VIVIMOS EN UN PAÍS EN EL QUE HAY LIBERTAD DE CULTOS ¿NO?

PAPÁ ¿VOS ALGUNA VEZ GANASTE UNA MEDALLA POR ALGO?

¿YO?

¿UNA MEDALLA, YO? ¡NO! ¿A QUIÉN LE INTERESAN LAS MEDALLAS?

AL FIN DE CUENTAS ¿QUÉ ES UNA MEDALLA?

UN PEDAZO DE METAL CON UNA RIDÍCULA FIGURA ALEGÓRICA Y UNA RIDÍCULA INSCRIPCIÓN

¡¡QUE DECÍA "IV INTERCOLEGIAL DE BÁSQUET", Y BAÑADA EN ORO, ERA!! ¡¡Y TODO POR EL BOLITA GÓMEZ, QUE SI EL BOLITA GÓMEZ NO HUBIERA SIDO PRIMO DEL CELADOR NO NOS LO ENCAJABAN EN EL EQUIPO, AL BOLITA GÓMEZ!!

¡ESTÁ BIEN! ¡NO TOMÁS LA SOPA: NO COMÉS POSTRE!!

¡NO LA TOMO Y NO LA TOMO! ¡Y YO SERÍA UNA REPUGNANTE SI HUBIERA ALGÚN SOBORNO CAPAZ DE HACERME DESERTAR DE MIS PRINCIPIOS, TRAICIONAR MIS CREENCIAS Y VENDER MIS CONVICCIONES!!

PANQUEQUES

¡¡QUÉ ASCO ME DOY A VECES!!

PODEROSOS GRUPOS FINANCIEROS INTERNACIONALES DECIDIERON REALIZAR FUERTES INVERSIONES DE CAPITAL EN PAÍSES NO DESARROLLADOS

ACTUALMENTE ANALIZAN QUÉ NACIONES EN VÍAS DE DESARROLLO SERÍAN LAS MÁS ADECUADAS AL EFECTO

O SEA, ESTÁN ESTUDIANDO EL MENÚ, DIGAMOS

SEGÚN LA FAMILIA DE MI PAPÁ, TENGO LOS OJOS DE MI ABUELO, LA CAMINADA DE MI TÍO FERNANDO Y EL MENTÓN DE MI PAPÁ

SEGÚN LA FAMILIA DE MI MAMÁ, TENGO LA NARIZ DE MI OTRO ABUELO, LA FRENTE DE MI MAMÁ Y LA SONRISA DE MI TÍA MARTITA

MIRÁ VOS LA DE GENTE QUE HACE FALTA PARA QUE AL FINAL UNO NI SIQUIERA SE PAREZCA A UNO. ¿NO?

¡SOY UN CONVENCIDO DE QUE ESTE AÑO QUE VIENE SERÁ SENSACIONAL!

¿POR QUÉ, FELIPE?

VOS SIEMPRE CON ARGUMENTOS PARA DERRUMBARLE EL OPTIMISMO A UNO!

¡FELICES FIESTAS PARA TODOS!

¿NO CONVENDRÍA ACLARAR QUE ESE *TODOS* LO DECIMOS SIN ASCO A LA PROMISCUIDAD DE MEZCLAR NUESTRA FELICIDAD CON LA DE CUALQUIERA? DIGO, PARA NO ARRUINAR EL MENSAJE DE NUESTRO SALUDO DE AMOR ¿EH? PARA QUE NADIE VAYA A PENSAR QUE ALGUNO DE NOSOTROS TIENE PREJUICIOS ¿EH? SERÍA UNA PENA NO DEJAR BIEN EN CLARO QUE EN FECHAS COMO ESTAS UNA TIENE SENSIBILIDAD SOCIAL Y TODO ¿EH?

MAFALDA ¿VOS ME SACASTE EL CENTÍMETRO DEL COSTURERO?

¡SONAMOS!...¡UNA VEZ QUE NOS HABÍAMOS ACOSTUMBRADO A JUGAR CON RELOJ, TENER QUE DESARMARLO!

¡LÁSTIMA!

¿VOS QUÉ OPINÁS DEL AMOR, MANOLITO?

¿DEL AMOR A QUÉ?

¡PERO NO!...¡NO TE HABLO DEL AMOR A QUÉ, SINO A QUIÉN! ¿NUNCA SENTISTE AMOR POR ALGUNA CHICA?

¡JOROBAR!...¿AMOR? NO SÉ, HABÍA EN LA ESCUELA UNA REGORDETA SIMPATICONA, PERO NO SÉ...¡JOROBAR!...¡QUÉ SÉ YO SI ESO ERA AMOR, O QUÉ!

ES MUY FÁCIL, SI CUANDO LA VEÍAS TE SENTÍAS COMO FLOTANDO ENTRE TULES, MIENTRAS OÍAS MÚSICA DE VIOLINES, ¡ESO ERA AMOR, MANOLITO!...¡AMOR!

ENTONCES NO DEBÍA SER, PORQUE LA COSA ERA COMO COLUMPIARME EN UNA HAMACA DE LONETA, MIENTRAS LE TIRABA CASCOTAZOS A UN TAMBOR

¿QUÉ TE PASA, SUSANITA?

QUE ENCONTRÉ EN MI CASA UN LIBRITO DE CATECISMO, Y LEÍ UNA ORACIÓN QUE TODO EL TIEMPO DICE *MEA CULPA* POR ESTO, *MEA CULPA* POR AQUELLO, *MEA CULPA* POR LO DE MÁS ALLÁ...

¿Y?

¡Y ENTONCES TODA LA NOCHE LEYENDO!

¡TODA LA NOCHE QUEMÁNDOME LAS PESTAÑAS BUSCANDO A VER SI HAY UNA ORACIÓN QUE SIRVA PARA ENDILGARLE LA CULPA A OTRO!...¡PERO NADA!

¡CAMBIAR EL MUNDO! ¡JA!...¡COSAS DE LA JUVENTUD!

TAMBIÉN YO CUANDO ERA ADOLESCENTE TENÍA ESAS IDEAS, Y YA VE...

¡SONAMOS, MUCHACHOS! ¡RESULTA QUE SI UNO NO SE APURA A CAMBIAR EL MUNDO, DESPUÉS ES EL MUNDO EL QUE LO CAMBIA A UNO!

MAMÁ, ¿A VOS LA POLÍTICA TE IMPORTA UN PITO, NO?

NO ES QUE ME IMPORTA UN PITO, MAFALDA, SINO QUE YO DE POLÍTICA NO ENTIENDO NADA

BUENO, PERO SÍ NO TE INTERESÁS, NUNCA VAS A ENTENDER

SÍ, CLARO, PERO ¡JUSTO ESO ME FALTARÍA A MÍ! ¡ADEMÁS DE TODAS LAS TAREAS DE LA CASA, ENCIMA LA POLÍTICA!!

¡AH!¿Y TE PARECE BONITO QUE MIENTRAS VOS MANEJÁS BIEN TU CASA, OTROS MANEJEN **TU** PAÍS COMO LES DÁ LA GANA?

NO, PERO SÍ ADEMÁS DE LIMPIAR, LAVAR, PLANCHAR, HACER LA COMID... SNIF, SNIF ¡¡LA COMIDA!!

PIZZA

PAPÁ, ¿A VOS LA POLÍT... NO, NADA

CUANDO UNO ESTÁ EN UN DILEMA, LO MEJOR ES PEDIR CONSEJO A LOS AMIGOS

SI **YO** FUERA **VOS**, LO QUE HARÍA ES

YO EN **TU** LUGAR NO DEJARÍA DE

YO QUE **VOS**, AGARRARÍA Y CA

AL FINAL NO LOGRÉ ENTERARME QUE CUERNOS HARÍA **YO** QUE **YO**, EN **MI** LUGAR, SI **YO** FUERA **YO**

DOCTOR, HOY SE HABLA MUCHO DE MADUREZ POLÍTICA ¿A QUÉ GRADO JUZGA UD. QUE LLEGA ESA MADUREZ EN EL CASO DE NUESTRO PAÍS?

PODEMOS AFIRMAR SIN TEMOR A EQUIVOCARNOS QUE, HOY, MÁS QUE NUNCA ESTAMOS, POLÍTICAMENTE HABLANDO, REALMENTE MADUROS

¿PARA QUE NOS COMA QUIÉN, POLÍTICAMENTE HABLANDO?

¡ES ABSURDO! ¿POR QUÉ LOS CHICOS NO PODEMOS VOTAR?

¡BIEN DICHO!

¡AHÍ ESTÁ!

¡ESO! ¿POR QUÉ?

¿ACASO NOSOTROS NO FORMAMOS TAMBIÉN PARTE DEL PAÍS?

¡SÍ SEÑOR!

¡MUY BIEN!

¡BRAVO!

¿ACASO NO SOMOS TAN CIUDADANOS COMO EL QUE MÁS?

¡SÍ QUE SOMOS!

¡CLARO QUE SÍ!

¿Y TAN DEL PUEBLO COMO CUALQUIERA?

¡AH, NO! ¡A MÍ, INSULTOS NO!

HOY
FESTIVAL
PLUT

HOY
FESTIVAL
PLUT

QUINO

¿SABÍAS QUE ESTÁN DANDO UN FESTIVAL DEL PAPAFRITA ESE DE PLUTO? ¡MIRA QUE HAY QUE SER PAPAFRITA PARA DAR UN FESTIVAL CON SEMEJANTE PAPAFRITA! PORQUE SI HAY UN PAPAFRITA, ESE PAPAFRITA ES P...

¡FÚF!...¡POR FIN!...

¿A LOS ALMOHADONES LOS FABRICAN CON POLLOS EN OTOÑO?

¡CÓMO!...¿MURIÓ? PERO...¿CUÁNTOS AÑOS TENÍA?

¿QUÉ IMPORTAN LOS AÑOS? LO QUE REALMENTE IMPORTA ES COMPROBAR QUE AL FIN DE CUENTAS LA MEJOR EDAD DE LA VIDA ES ESTAR VIVO

¡MALDITAS LAS GANAS QUE TENÍA DE PISARLO, PERO ME ENFERMA QUE ME ESTÉN DICIENDO QUE NO HAGA LO QUE YA SÉ QUE **NO DEBO** HACER!

PROHIBIDO PISAR EL CESPED

¡PST!

¿QUÉ PASA, GUILLE?

¡SOY EL HOMBRE INVISIBLE!

¡UY, CIERTO! ¡ES INCREÍBLE!

¡FUUÍUH!

ALLÁ VA DOÑA PEPA

PARECE MENTIRA, CON EL ASUNTO DE QUE COBRA UNA MISERIA DE JUBILACIÓN, NOS DEBE YA COMO SIETE MESES, POBRE DOÑA PEPA

¿Y QUÉ HACE EL MINISTERIO, O LO QUE SEA, POR DOÑA PEPA? ¡NADA! TOTAL, ESTAMOS NOSOTROS PARA QUE DOÑA PEPA NO SE MUERA DE HAMBRE

¡DÉNLE NOMÁS!..

...POSEN SUS CABECITAS OFICIALES SOBRE SUS ALMOHADAS RELLENAS CON FIDEOS DE ALMACÉN DON MANOLO Y DUERMAN TRANQUILOS NOMÁS!

DECÍME, MAMÁ ¿VOS EN TU NIÑEZ....

SÍ, TE ESCUCHO, MAFALDA

NO, DEJÁ, MEJOR, ME PREOCUPO POR MI NIÑEZ, NOMÁS, QUE TODAVÍA LA TENGO A MANO

MANOLITO... ¿SÍ?

¿ES BUENA ESTA NUEVA MARCA DE DURAZNOS?

AH, SEÑORA... ¡DÁTIS!

¿DÁTIS? NO ENTIENDO ¿QUÉ ES DÁTIS?

DECUÉSTION ¿NUNCA OYÓ DECIR DÁTIS DECUÉSTION?

HOY VINO TU MAMÁ POR EL ALMACÉN, A PROPÓSITO MUY CULTA NO ES TU MAMÁ ¿NO?

¿Y TU PAPÁ, LIBERTAD, A QUIÉN PIENSA VOTAR EN LAS PRÓXIMAS ELECCIONES?

CÁLLATE... ¡ANDA CON UNA CARA, POBRE!

AH ¿TODAVÍA NO SE DECIDIÓ POR NINGÚN CANDIDATO?

SÍ, SE DECIDIÓ, ¡Y ANDA CON UNA CARA, POBRE!

¿POR QUÉ? ¿PIENSA QUE ESE CANDIDATO VA A PERDER?

NO, PIENSA QUE VA A GANAR, ¡Y ANDA CON UNA CARA, POBRE!

NO ENTIENDO A TU PAPÁ, LIBERTAD: SABE A QUIÉN VOTAR EN LAS PRÓXIMAS ELECCIONES, PIENSA QUE ESE CANDIDATO VA A GANAR... ¿Y NO ESTÁ CONTENTO?

NO, ¡ANDA CON UNA CARA, POBRE!

PERO... ¿POR QUÉ? ¿ACASO SUPONE QUE AL CANDIDATO NO LO VAN A DEJAR GOBERNAR?

A VECES SUPONE ESO, ¡Y ENTONCES ANDA CON UNA CARA, POBRE!

OTRAS VECES SUPONE QUE SÍ, QUE LO VAN A DEJAR GOBERNAR, ¡Y TAMBIÉN ANDA CON UNA CARA, POBRE!

¡PERO JOROBAR! ¡SI TANTO LE FASTIDIA ESE CANDIDATO, POR QUÉ CUERNOS NO SE LE OCURRIÓ VOTAR A CUALQUIERA DE TODOS LOS OTROS!

SE LE OCURRIÓ, ¡Y ANDUVO CON UNAS CARAS, POBRE!

¡PECHUGA DE PAVITA CON CHAMPIGNONS, PECHUGA DE PAVITA CON CHAMPIGNONS! ¡EN CADA VUELO ESPACIAL... PECHUGA DE PAVITA CON CHAMPIGNONS!!!

¡VEAN LO QUE HAGO CON SU MALDITA PECHUGA DE PAVITA CON CHAMPIGNONS!!

¡PLOSHP!

¡SUNESCÁN! ¡¡DALÚNA BÚSO!! ¡SLAM!

¿Y ESO?

"ES UN ESCÁNDALO, UN ABUSO" EN DIALECTO DE MADRE VOLVIENDO DEL MERCADO

MÁS DE UNA VEZ ME HE PREGUNTADO CÓMO SIENDO TAN DISTINTAS PODEMOS SER AMIGAS

BUENO, HAY QUE RECONOCER QUE A VECES LA PASAMOS BIEN, SERÁ POR ESO QUE SOMOS AMIGAS

SÍ, CLARO, PERO ¿Y CUANDO VOS TE PONÉS ESTÚPIDA?

¿Y VOS TARADA?

¿Y VOS ZANAHORIA?

¿Y VOS PAPAFRITA?

¿CÓMO PODEMOS SER AMIGAS CUANDO NO NOS AGUANTAMOS?

¡QUÉ SÉ YO!...PERO ANTES DE NO AGUANTAR A UN EXTRAÑO... ¡QUÉ QUERÉS QUE TE DIGA!...PREFIERO TODA LA VIDA NO AGUANTARTE A VOS

BUENAS NOCHES ¿SUBE?

¿EH? ¡AH, SÍ, GRACIAS!

¿SU SEÑORA, LOS CHICOS, BIEN?

¿BIEN? SÍ, MUY BIEN, SÍ

ME ALEGRO, DELES SALUDOS MÍOS

RECIÉN EN EL OMBLIGO ME ENCONTRÉ CON LA SEÑORA DE ARRIBA, ME DIO OMBLIGOS PARA USTEDES

¿Y ESE OTRO?

¡AH, ESE, UN MONITO VIOLINISTA, A CUERDA!

ME LO REGALÓ MI TÍO FERNANDO EL AÑO PASADO, QUE LA VERDAD, A MI TÍO FERNANDO LO QUIERO MUCHÍSIMO

CON DECIRTE QUE ESTE ES UNO DE LOS JUGUETES QUE CON MÁS CARIÑO HE DESTROZADO EN MI VIDA

¡PST! ¿QUÉ HACÉS, GUILLE? ¡VAS A DESPERTAR A MAMÁ!

¿CELOSO PORQUE VOS NO LA CONOCÉS DESDE QUE NACISTE Y YO SÍ?

¿TU PAPÁ HABLA CON LAS PLANTAS?

TIENE LA TEORÍA DE QUE HABLÁNDOLES, LAS PLANTAS SE PONEN MÁS LINDAS

SÍ, CONOZCO LA TEORÍA ESA, PERO CON EL MALVONCITO DE CASA, NO SÉ, PARECE QUE MUCHO NO RESULTA

PERO ¿LE HABLAN AL MALVONCITO?

¡CRECE DE UNA MALDITA VEZ, RAQUÍTICO CONDENADO!

SÍ, PERO NO SÉ, PARECE QUE MUCHO NO RESULTA

¿LARGÁS O NO?

¡NO LARGO NADA! ¡YO ESTABA PRIMERO!

¡VOS ESTABAS PRIMERO, PERO YO SOY **MUJER!**

¡MUJER! ¿Y CON ESO, QUÉ?

¡CÓMO "QUÉ", DEGENERADO! ¡QUE ESTÁS DESCOLUMPIANDO A TUS MADRES, ESPOSAS, NOVIAS, HERMANAS

UNA DE LAS SUTILEZAS DEL AJEDREZ ES SABER PONER NERVIOSO AL ADVERSARIO

VOS PENSÁ TRANQUILA, NOMÁS ¿EH? ¡TOTAL, PODEMOS PASARNOS MESES ENTEROS AQUÍ SENTADOS JUGANDO!

LO DUDO, APENAS UNAS SEMANAS MÁS, Y YA TENDREMOS QUE LEVANTARNOS PARA IR DE NUEVO A LA ESCUELA

VEAMOS: SI YO LE COMO EL ALFIL CON MI CUADERNO...

¡CAPITALISTA! ¡SEGÚN TU ESQUEMA, SÓLO IMPORTA QUE LOS RICOS TENGAN PLATA, PORQUE TOTAL, EL DINERO HACE LA FELICIDAD! ¿NO?

¡POR CULPA TUYA Y DE TODOS LOS CAPITALISTAS COMO VOS, ANDA EL MUNDO COMO ANDA!

DECÍ LA VERDAD, ¿A VOS TE PARECE QUE PUEDO HACER CASO A LAS TONTERÍAS QUE DICE?

Y, UNA PARTE DE RAZÓN TIENE, MANOLITO, VOS VIVÍS DÁNDOLE IMPORTANCIA SÓLO AL DINERO, CUANDO EN EL FONDO, HAY COSAS MUCHO MÁS IMPORTANTES

¡REACCIONARIA! ¡SEGÚN TU ESQUEMA, NO IMPORTA QUE LOS POBRES NO TENGAN PLATA, PORQUE TOTAL, EL DINERO **NO** HACE LA FELICIDAD! ¿NO?

¡POR CULPA TUYA Y DE TODOS LOS REACCIONARIOS COMO VOS, ANDA EL MUNDO COMO ANDA!

LA TÉCNICA AVANZA TARDE ¿QUÉ NO HUBIERA DADO UN POBRE DINOSAURIO POR TENER QUIÉN LE ARREGLARA UNA CARIES?

¡AAAH! ¡AHORA LO DICEN! ¿POR QUÉ NO LO DIJERON CUANDO ESTABAN EN EL GOBIERNO?

¡ELLOS, JI-JÍ, ELLOS SANEAR LA ECONOM... JI-JÍ-JÍ!

¡PERO HAY QUE SER CARADUR...! ¡PERO POR FAV...

¡TENÍAS RAZÓN, ES GENIAL!
¡Y NO HAY QUE AGUANTAR LA PUBLICIDAD!
¡NI GASTAR CORRIENTE!
¿NO LES DIJE QUE ES MEJOR QUE LA TV?

¿POR QUÉ A ESTE SR. LE HICIERON UN MONUMENTO?

DEBE HABER HECHO MUCHO POR EL PAÍS

¿NO BASTABA CON DECIRLE "GRACIAS"?

BUENO, LEVANTARLE UN MONUMENTO ES UNA MANERA DE ESTAR SIEMPRE DICIÉNDOLE "GRACIAS"

NO TIENE MUCHA CARA DE "UDS. LAS MERECEN", QUE DIGAMOS

SALUD, MANOLITO ¿SIEMPRE CON LOS CINCO SENTIDOS PUESTOS EN GANAR PLATA?

NO ENTIENDO ¿CUÁLES SON LOS OTROS CUATRO?

¿Y NO SERÁ, DIGO YO...

...QUE CONFUNDÍS ALIMENTACIÓN CON ALIMENTAJE?

MIRÁ QUÉ LINDA PIEDRA ENCONTRÉ, MANOLITO

¿LINDA? ES UNA PIEDRA ¿QUÉ TIENE DE LINDO?

Y, EL COLOR, LA FORMA... ¡ES LINDA!

PERO...TIENE COLOR Y FORMA DE PIEDRA ¿ESO ES LINDO?

PARA MÍ, SÍ

¿PARA VOS SÍ?

NO?

¡POBRE!...

¿HAY DERECHO? EL VERDULERO AUMENTA LAS PAPAS, EN MI CASA PONEN CARA DE PACIENCIA, Y SEGUIMOS COMIENDO PAPÁS

EL LECHERO AUMENTA LA LECHE, Y SEGUIMOS TOMANDO LECHE

EL CARNICERO AUMENTA LA CARNE, Y SEGUIMOS COMIENDO CARNE

YO ME PORTO MAL GRATIS Y HAY QUE VER LA QUE SE ARMA!

DECÍ LA VERDAD ¿SE ME NOTA MUCHO UN AIRE COMO DE FOJA CERO?

SI CUANDO NUESTROS POBRES PADRES ERAN CHICOS NO EXISTÍAN LOS TELEVISORES, NI LOS LAVARROPAS, NI LAS HELADERAS, NI LAS LICUADORAS, NI TODAS ESAS COSAS...

...Y NUESTROS POBRES PADRES TUVIERON LUEGO QUE DESLOMARSE PARA COMPRAR TODAS ESAS COSAS EN CUOTAS...

¿TE IMAGINÁS LA DE PORQUERÍAS QUE ESTARÁN INVENTANDO YA, PARA VENDERNOS EN CUOTAS, LOS ORGANIZADORES DE NUESTRO FUTURO DESLOME?

¡ESTE AÑO DECIDÍ ENCARAR LA ESCUELA AL REVÉS!

¿CÓMO AL REVÉS?

¡CLARO, ANTES ME LA TOMABA COMO QUE ERA ELLA LA QUE MANDABA, ELLA LA QUE ME OBLIGABA A ESTUDIAR A MÍ!

¡EN CAMBIO ESTE AÑO PIENSO TOMÁRMELA COMO QUE SOY YO EL QUE MANDO, YO EL QUE LE EXIJO A ELLA QUE ME ENSEÑE!

¡JA!...

¡JA! ¿Y SI LA MUY OBSECUENTE ME OBEDECE?

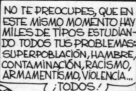

NO TE PREOCUPES, QUE EN ESTE MISMO MOMENTO HAY MILES DE TIPOS ESTUDIANDO TODOS TUS PROBLEMAS: SUPERPOBLACIÓN, HAMBRE, CONTAMINACIÓN, RACISMO, ARMAMENTISMO, VIOLENCIA... ¡TODOS!

SÍ, YA SÉ, HAY MÁS PROBLEMÓLOGOS QUE SOLUCIONÓLOGOS, PERO ¿QUÉ VAMOS A HACERLE?

¿EL DÍA DE MAÑANA QUÉ SERÁ MÁS SANO PARA UNA? ¿CUIDARSE DE ESTE MUCHACHO PORQUE TAL COSA, DE AQUÉL PORQUE TAL OTRA, DEL DE MÁS ALLÁ PORQUE PATATÍN, Y ASÍ?

¿O AGARRAR Y PONERSE A FUMAR NOVIOS SIN FILTRO, NOMÁS?

BUEN DÍA, MANOLITO, QUISIERA UN PAN DE MANTEC...⁇ ¡EH, MANOLITO, BUEN DÍA, DIJE!

1869

¡EH, MANOLITO!

¡MANOLITO!

¿EH? ¡AH, HOLA!

¿QUÉ CUERNOS TE PASA?

NADA, ES QUE CADA VEZ QUE ME PONGO A MIRAR LA LISTA DE PRECIOS...NO SÉ..

ME QUEDO RECORDANDO, ¡PENSAR QUE YO A ESTOS PRECIOS LOS CONOCÍ DE PEQUEÑOS, Y AHORA VERLOS YA TAN CRECIDOS!... ¿QUÉ QUERES?! ¡ME EMOCIONA!

PAPÁ...

¿SÍ?

VOS QUE ESTÁS SENTADO JUNTO AL GLOBO TERRÁQUEO ¿PODRÍAS DECIRLE QUE A VER SI ESE PAÍS DE AHÍ SE DEJA DE FASTIDIAR, POR FAVOR?

¿QUÉ PAÍS DE DÓNDE?

ESO NO IMPORTA, VOS DÉCILE, TOTAL, SIEMPRE HAY ALGÚN PAÍS FASTIDIANDO EN ALGUNA PARTE

ENCONTRÉ ALGO ESPECIAL PARA VOS, SUSANITA, ESCUCHÁ'

"DESDICHADO DE AQUEL A QUIEN SÓLO LE IMPORTA EL QUÉ DIRÁN"

¡POR SUPUESTO, SI EN REALIDAD LO QUE IMPORTA ES EL QUÉ DIJERON, QUIÉNES LO DIJERON, CÓMO LO DIJERON, CUÁNDO LO DIJERON, DE QUIÉN LO DIJERON, POR QUÉ LO DIJ

¿Y ESE BICHO CON ESOS OJAZOS, GUILLE?

ES EL GATOLUPA

¿EL GATOLUPA? ¿Y QUIÉN ES EL GATOLUPA?

UN GATO QUE VE TODO MUY-MUY-MUY GRANDE

¡A LAS RATITAS LAS VE COMO VACAS!

¿¡COMO VACAS?! ¡POBRE GATOLUPA!

NO CREAS, ABRIÓ UNA LECHERÍA PARA VENDERLES LECHE DE RATITA A LAS HORMIGAS, Y NO LE VA NADA MAL

¿QUÉ GANO CON ESTAR AQUÍ SENTADO ESQUIVÁNDOLE EL BULTO A LOS DEBERES?;TENGO QUE IR Y HACERLOS!;AL FIN DE CUENTAS ES POR MI PROPIO BIEN!

¡MECACHO, QUÉ ANGUSTIAS ME ACARREA MI PROPIO BIEN!

¿SABÉS LO QUE SOS? ¡UNA COMADRONA CHISMOSA CORREVEIDILE QUE SE PASA LA VIDA METIENDO SU REPUGNANTE NARIZ EN LA VIDA DE TODO EL MUNDO PARA LUEGO IR Y DESPARRAMAR PONZOÑA POR TODOS LADOS! ¡ESO SOS!

¡LO QUE FALTABA: QUE AHORA UNA NO PUEDA TENER UN HOBBY!

¿QUIÉN FUÉ EL GRACIOSO QUE LE SACÓ EL FILTRO A MIS CIGARRILLOS?

¡MAMÁ, LA LECHE QUE ME MANDASTE A COMPRAR...

SÍ, TESORITO ¿QUÉ?

¡QUE TROPECÉ!

¡YA ESTÁ EN TODAS LAS LIBRERÍAS: "CÓMO PASAR DE TESORITO DE LA CASA A SIEMPRE EL MISMO ESTÚPIDO", POR MIGUELITO. USTED NO PUEDE DEJAR DE LEER ESTA OBRA APASIONANTE!

¡CHÁ QUE LO TIRÓ! ¡TODA LA TARDE LUCHANDO CON ESTE MALDITO DIBUJO DE LA PLANTA DE PAPA PARA EL DEBER DE BOTÁNICA!

¡Y AHORA A ESTUDIAR LA LECCIÓN: "LA PAPA: LA PAPA ES UNA PLANTA DE LA FAMILIA DE LAS SOLANÁCEAS, DE RAÍZ FIBROSA Y HOJAS COMPUESTAS. SUS TUBÉRCULOS, RICOS EN FÉCULA, SON MUY

"A BABA: 'A BABA EH UHA BLANTHA 'E 'A BAMILIA 'E 'AS HOLANA'HEAS, 'E HAÍZ FIBROHA Y HOHAS HOMBUESDAS. HUS DUBÉRGULOS, HICOS EN HÉCULA, HON HUY...

"LA PAPA: LA PAPA ES UNA PLANTA DE LA FAMILIA DE LAS SOLANÁCEAS, DE RAÍZ FIBROSA Y HOJAS COMPUESTAS. SUS TUBÉRCULOS, RICOS EN FÉCULA, SON

¡PÚFFA, QUERIDA! ¿¡OTRA VEZ PURÉ!?

ANOCHE SOÑÉ QUE ENVIUDABA DE MOTU PROPIO, MIRÁ VOS

¡MECACHO! HASTA AHORA PARA LO ÚNICO QUE TENGO PODER ADQUISITIVO ES PARA LA MUGRE

Panel 2: EL CIELO ES IMPORTADO ¿VERDAD?

¿EL CIELO? ¿IMPORTADO? ¿CÓMO VA A SER IMPORTADO EL CIELO, GUILLE?

Panel 3: AH ¿ESTÁ HECHO ACÁ EN EL PAÍS?

¡PERO NO!...

¡ENTONCES **ES** IMPORTADO!

¡Y DALE!... NO, PORQUE TAMPOCO ESTÁ HECHO EN NINGÚN OTRO PAÍS!

Panel 4: AH ¿NO?

NO

Panel 5: ENTONCES EL CIELO ES MÁS IMPORTADO DE LO QUE YO CREÍA, Y TUS IDEAS SON MÁS CHIQUITAS DE LO QUE VOS CREÉS

Panel 1: ¡QUÉ CARA! ¿QUÉ TE ANDA PASANDO?

QUE TENGO UN PROBLEMA

Panel 2: ¿UN PROBLEMA?

¡ES IMPOSIBLE QUE VIVAS TAN DESUBICADO, MIGUELITO!

Panel 3: HOY LA GENTE TIENE MILES DE PROBLEMAS, Y SI REALMENTE QUERÉS LLEGAR A ALGO TENDRÁS QUE CONSEGUIRTE... NO SÉ, DIGAMOS SEIS, O CINCO PROBLEMAS, COMO MÍNIMO

Panel 4: PERO TENER UN SOLO, ÚNICO PROBLEMA AHÍ PELADO.... ¡VÁLGAME DIOS, ES UN PAPELÓN!

QUINO

¡POBRES, LAS MONJAS!... LA RELIGIÓN ME PARECE MUY BIEN, PERO VIVIR PARA LA RELIGIÓN EN VEZ DE VIVIR PARA UN MARIDO... NO SÉ, YO PREFIERO VIVIR PARA UN MARIDO

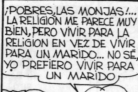

CLARO QUE A DIOS NUNCA SE LE VA A OCURRIR SALIRTE CON QUE SU MAMÁ COCINA MEJOR

?

¡MMMMMH!... SU INCONFUNDIBLE, AÑEJO SABOR, LO DE LATA....

¡ES LA TIERRA, EL PLANETA DE LOS ELEGIDOS! ¡¡ÚNICO CON SABOR A CONFLICTO!!

SÍ PEPITO TENÍA **UNA DOCENA** DE CARAMELOS Y DIÓ **SEIS** A UN AMIGUITO ¿SE QUEDÓ CON...

CON...

¿CON...

...FLICTUADO, POR ESTÚPIDO?

COMO DE UN LAVARROPAS QUE MARCHA SIN CESAR

LA ESPUMA DE LA DICHA DESBORDARÁ EN MI HOGAR

TENDRÉ UN BELLO MARIDO NO FALTARÁ EL DINERO VIVIREMOS UNIDOS CUAL EL PELO AL RULERO

¡¡QUÉ SABRÁN USTEDES DE POESÍA, MANGA DE INSENSIBLES!!

¡SENSACIONALES, LOS ZAPALLITOS RELLENOS, MAMÁ! ¿QUÉ HAY DE POSTRE?

PANQUEQUES

¡MMMMMMH!

PERO ANTES...

¡NO!

¡SI!

¿POR QUÉ? ¿POR QUÉ SIEMPRE TIENE QUE APARECER LA *COSA NOSTRA* EN LA MESA?

¡ES ESPANTOSO! ¡CAPITALES INTERNACIONALES METIDOS EN LA ELABORACIÓN DE SOPAS EN CUBITOS, SOPAS ENLATADAS, SOPAS DESECADAS, SOPAS ENSOBRADAS!...

¡MONTONES DE FÁBRICAS EMPEORANDO LA COSA CON CABELLOS DE ÁNGEL, FIDEOS FINOS, ENTREFINOS, DEDALITOS, MUNICIONES, MOÑITOS Y MIL CLASES MÁS DE PORQUERÍAS!

¿CÓMO LUCHAR CONTRA TODO ESO, SI SON NUESTRAS MADRES, NUESTRAS PROPIAS MADRES, LAS QUE MANTIENEN EN FUNCIONAMIENTO SEMEJANTE MAQUINARIA?

¿CÓMO? ¡ARMÁNDOLES A ELLAS UN ESCÁNDALO MAYÚSCULO CADA VEZ QUE NOS VIENEN CON SOPA! ¡RECORDARLES SU EDAD Y ESAS COSAS!

¡ESO NO SIRVE DE NADA!

¿QUE NO? ¡JA! ¡UNA PULGA NO PUEDE PICAR A UNA LOCOMOTORA, PERO PUEDE LLENAR DE RONCHAS AL MAQUINISTA!

PARECE EL TAXI EN EL QUE VIAJAN LAS SOLUCIONES

EL PAN NUESTRO DE CADA DÍA DÁNOSLE HOY

Y PERDÓNANOS NUESTRAS DEUDAS ASÍ COMO NOSOTROS PERDONAMOS A NUESTROS DEUDORES

Y NO NOS DEJES CAER EN LA TENTACIÓN, MAS LÍBRANOS DEL MAL, NO VAYAS A METERNOS EN LÍOS COMO EL QUE TIENE LA GORDITA DE LA PANADERÍA, QUE VINO A ENTERARSE QUE SU NOVIO ES TAMBIÉN NOVIO DE LA PRIMA CASADA CON EL FLACO QUE ANDUVO ANTES CON LA HERMA

SALUD, MIGUELITO, RECIÉN FUÍ A BUSCARTE A TU CASA Y ESTUVE UN RATO TOCANDO EL TIMBRE, PERO PARECE QUE NO HABÍA NADIE

HABÍA, SÓLO QUE MI MAMÁ Y YO ESTÁBAMOS NEGOCIANDO CIERTOS DESACUERDOS

SENTATE Y CONTAME

DE PIE, GRACIAS ¿O CUÁL TE IMAGINÁS QUE FUÉ LA MESA DE CONFERENCIAS?

PARECE UNA TONTERÍA, PERO IR A COMPRAR EL PAN ES MUCHO MÁS QUE IR A COMPRAR EL PAN

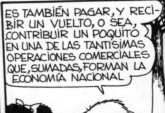

ES COMUNICARSE TODOS LOS DÍAS CON LA GENTE, PARTICIPAR EN LA SOCIEDAD, O SEA, HACERSE UN LUGAR EN EL MUNDO

ES TAMBIÉN PAGAR, Y RECIBIR UN VUELTO, O SEA, CONTRIBUIR UN POQUITO EN UNA DE LAS TANTÍSIMAS OPERACIONES COMERCIALES QUE, SUMADAS, FORMAN LA ECONOMÍA NACIONAL

¡LO QUE NO ENTIENDO ES POR QUÉ TENGO QUE SER YO EL ÚNICO IMBÉCIL QUE TIENEN A MANO EN MI CASA PARA MANDARLO A LA REMALDITA PANADERÍA!

JAQUE MATE, SUSANITA

"¡TE HICE MORDER EL POLVO DE LA DERROT...

NO, ESPERÁ, ESE ERA POR SI YO....

ME GANASTE, SÍ ¿Y CON ESO QUÉ? ¿ES MÉRITO GANARLE A QUIEN, COMO YO, JUEGA CON LA SANA DESPREOCUPACIÓN DE NO ALIMENTAR EL BAJO APETITO DEL FUGAZ TRIUNFO, GERMINADOR DE ENGAÑOSAS VANIDADES QUE

¿SNIF? ¿SNIF?

SNIF SNIF

¡MECACHO! ¿SE HABRÁN PODRIDO DE VERAS, O ESTARÁN SOMATIZANDO?

ESCRIBIR EN LETRAS LA SIGUIENTE CIFRA:

754.305

BEDDÓN...

¿OS GUE ESDAMOS DESFRIADOS BODEMOS ESGRIBID sedediendos dingüenday guadromil dreciendos dingo?

¡DIOS MÍO! ¡LÍOS EN TODOS LADOS! ¿POR QUÉ ANDA TAN MAL LA HUMANIDAD?

¿LA CONOCÉS?

SÍ, ES TU INMADUREZ. YA ME LA PRESENTÁSTE VARIAS VECES

¿NO TENEMOS OTRO DICCIONARIO, PAPÁ? ¡ESTE ES UNA PORQUERÍA!

DICE QUE *MUNDO* VIENE DEL LATÍN *MUNDUS*

¿Y?

¡QUE LO QUE INTERESA SABER NO ES DE DÓNDE VIENE, SINO ADÓNDE VA!

MAMÁ ¿PUEDO COMER UNOS CARAMELOS?

NO, PORQUE DESPUÉS NO ALMORZÁS

¿Y CUÁNTO FALTA PARA ALMORZAR?

MEDIA HORA, MÁS O MENOS

DOMÁ, VIVÍ VOS DAMBIÉN EL PRESENDE

¡LOS ESTÚPIDOS VERTEBRADOS SON ANIMALES DE ESQUELETO INTERNO, ÓSEO Ó CARTILAGINOSO!

¡QUE COMPRENDE: EL MALDITO CRÁNEO, LA COLUMNA VERTEBRAL Y SUS MALDITOS ANEXOS!

¡EL IMBÉCIL SISTEMA NERVIOSO DORSAL ABARCA EL MALDITO ENCÉFALO Y LA MÉDULA!

¿SE PUEDE SABER QUÉ DIABLOS TE PASA, MIGUELITO?

NADA, QUE ME DA TANTA RABIA TENER QUE ESTUDIAR LAS LECCIONES QUE SI NO ME DESAHOGO MIENTRAS LAS ESTUDIO, NO PUEDO ESTUDIARLAS

¿A JUGAR A LA PLAZA? ¿PERO NO TENÍAS QUE ESTUDIAR?

¡SÍ, MAMÁ, PERO SI JUEGO UN RATO, LUEGO ESTUDIO CON LA CABEZA BIEN DESPEJADA!

¡RÍNDETE YA, PETE JOE! ¡TE TENEMOS RODEADO!

¿RENDIRME? ¡NÉVER! ¡ESTOY DISPUESTO A VENDER CARO MI PELLEJO!

¡A PROPÓSITO DE VENDER CARO: ME DIJO MI MAMÁ QUE LE DIGAS A TU PAPÁ QUE EL QUESO, ADEMÁS DE COBRÁRNOSLO UNA BARBARIDAD, RESULTÓ UN ASCO!

¡CLARO, COMO SI EL QUESO LO FABRICARA MI PAPÁ!

¡LO QUE FABRICA TU PAPÁ ES LA MEJOR MANERA DE DESPLUMAR A LA GENTE!

¡SON TODOS IGUALES, UNA MANGA DE AIVADÁ, VOS NERA DOS SIEMPRE CON TUS ESTU...

¡CON LA CABEZA BIEN DESPEJADA!

¡MAMÁ, VENÍ! ¡LOS BANDIDOS HAN RODEADO AL MUCHACHO! ¡LO VAN A MATAR!!

¡PERO NO, HIJITO!: ¡VAS A VER QUE NO LO MATAN!

¿NO? SEGURO QUE NO

¡GANAS DE HACERLE PERDER TIEMPO A LA GENTE, CARAMBA!

¡Y///////////K! ¡CRASH!

¡@*#%&N!! ¡¡@?!¿!!

Y////////K-CRASH: PREPOSICIÓN INSEPARABLE QUE SUELE ANTEPONERSE A CIERTAS EXPRESIONES IDIOMÁTICAS

MIRÁ VOS, Y EN LA ETIQUETA LOS MUY CRETINOS LE PONEN COGNAC TIPO FRANCÉS

¡TARADA! ¡TENÉS PESADILLAS Y ENCIMA TE REÍS?

¡HOY EN DÍA LA COSA NO TIENE VUELTAS: HAY QUE ESTAR CON EL PUEBLO!

¡Y YO VOY A ESTAR CON EL PUEBLO!

POR FAVOR ¿PARA IR A ESTAR CON EL PUEBLO, QUÉ ME DEJA BIEN?

PAPÁ ¿CUANDO VOS ERAS CHICO QUÉ CANTANTE TE GUSTABA?

¿A MÍ? ¡BING CROSBY!

¿BING CROSBY? ¿Y ERA BUENO, ESE?

¿QUE SI ERA BUENO? ¡JA!

JUÉN DE BLUUUU OF DE NÁ'AAiiiiit MITS DE GOOOUUL OF DE DÉEEEEiiiiii

SAMUUAAAN GÜEITS FOOOR Miiiiiiiiiii

MAFALDA ¿PODRÍAS... (¡SSSSHHHHH!...)

NO ANDABA MUY BIEN, PARECE QUE LE CAYÓ UNA INSPECCIÓN DE LA DIRECCIÓN GENERAL IMPOSITIVA

¡HUM!

¡MECACHO!

¿QUÉ PASA? ¿ALGO EN EL ZAPATO, MANOLITO?

¡NO, QUÉ SÉ YO!... VENÍA LO MÁS BIEN, Y DE PRONTO... NO SÉ... ES COMO UNA NEURALGIA AQUÍ, EN EL BOLSILLO!

LO IMPORTANTE ES QUE NOS QUEREMOS, MAMITA, VOS NO TE FIJES EN LO ANECDÓTICO

MIGUELITO, PASA AL FRENTE

GRACIAS, SEÑORITA, PERO PREFIERO LUCHAR DESDE EL LLANO

¡LOS POLÍTICOS PUEDEN DARSE EL LUJO DE DECIR CIERTAS FRASES PORQUE NO TIENEN UNA MAESTRA QUE LOS CLASIFIQUE, POR ESO PUEDEN DARSE EL LUJO DE DECIR CIERTAS FRASES, LOS POLÍTICOS!

¡CUIDADO!
HOMBRES
TRABAJANDO

¡CUIDADO!
HOMBRES
TRABAJANDO

¡ASÍ COMO ALGÚN DÍA SE
TERMINARÁN LOS PRIVI-
LEGIOS, ESTE LIBRO SE
TERMINÓ DE IMPRIMIR EN
LOS TALLERES DE
LIBERDUPLEX, S.A.
CONSTITUCIÓN, 19 (BARCELONA)
EN MAYO-2005